MÉMOIRE

JUSTIFICATIF adressé au Ministre de la Police Générale, COCHON, le 21 Frimaire, an 5 de la République Française, par le Citoyen *Jean-Joseph-Timothée Liely*, de Carpentras, département de Vaucluse.

EN RÉPONSE

A un Arrêté calomnieux pris dans la séance du 11 brumaire, an 5, par Trie, Guyon, Guillibert, *ci-devant Administrateurs*, et Piot, *ci-devant Commissaire du Directoire Exécutif.*

CITOYEN MINISTRE,

L'Administration Centrale du Département de Vaucluse, a inscrit sur la liste des émigrés du département, *Toussaint Liely*, et ordonné le séquestre de ses biens, par son arrêté en date du 4 prairial, an 2. Le 6 germinal an 4, les biens de l'inscrit continuant à être sous le séquestre ils dépérissoient contre le vœu de la loi. Cette loi m'autorisoit de réclamer la liquidation des biens séquestrés, la levée du séquestre aux biens qui n'y étoient point soumis, le désemparement des meubles ou l'application des secours qu'elle accorde; tels ont été les objets des réclamations consignées dans une pétition présentée à l'Administration Centrale du Département, sous la date précitée de laquelle je joints ici copie n°. 1.

Par son arrêté du 11 brumaire, an 5, cette administration a porté une décision sur les différents chefs de mes réclamations, j'en joints ici également une copie n°. 2.

Elle a ajouté à la décision que la loi m'autorisoit de réclamer, une disposition par laquelle elle s'impose l'obligation de me dénoncer au ministre de la police générale, comme signataire d'une pétition injurieuse au pouvoir suprême, à l'autorité législative, aux bonnes mœurs et à la piété filiale (*a*).

En prenant une t'elle détermination, l'Administration centrale du Département, contracte le devoir de prouver les inculpations qu'elle prononce contre un pétitionnaire, qui, appuyé sur la loi, s'adresse à elle pour en obtenir justice ; si elle ne le pouvoit, elle deviendroit par là-même, calomniatrice, et comme t'elle soumise à la peine infligée par les Tribunaux contre les calomniateurs.

Mais si elle prouve l'imputation dont elle se rend garente et sa mission dans la dénonciation qu'elle a dirigée, le pétitionnaire toujours plein de respect pour la loi, se joint à elle pour solliciter la punition du coupable qui, sciemment ou sans mauvaises intentions, auroit, en effet, dans la pétition du 6 germinal, dont il s'agit, manqué au pouvoir suprême et aux bonnes mœurs.

Accusé devant vous, je dois, Citoyen Ministre, vous mettre à même de prononcer avec impartialité. Le devoir que je remplis vous paroîtra également sacré et digne de toute votre attention, s'il tend à justifier un bon Citoyen injustement inculpé, ou à présenter à l'autorité instituée par la loi, le flambeau qui doit l'éclairer sur les faits qui lui sont dénoncés. Dirigé par ces sentimens que vous ne sauriez désapprouver, j'ai joint ici une copie fidelle de mes réclamations et de l'arrêté de l'Administration centrale du département de Vaucluse.

J'affirme que jamais mon intention n'a été de manquer à l'autorité suprême ni aux bonnes mœurs ; j'ai cherché, au

(a) *On trouvera à la fin de ce mémoire à la note (a) les propres termes contenus dans l'arrêté dénonciateur du* 11 *brumaire, an* 5, *sus-cité.*

contraire, en transmettant mes réclamations à l'Administration du département, de mettre dans l'expression que j'employai, la réserve, la modération, la dignité et la fermeté qui doivent caractériser tout bon Citoyen, vous voyez que nous sommes bien loin de compte avec l'Administration centrale.

Qu'ai-je pu écrire qui soit devenu le motif fondé de sa dénonciation ? Mes réclamations sont sous vos yeux. Je vous prie, Citoyen Ministre, de les lire et de prononcer. Pour moi, après les avoir relues plusieurs fois, je ne vois qu'un seul article auquel l'Administration centrale ait pu s'arrêter avec intention de porter une dénonciation contre le pétitionnaire : voici cet article dans son intégrité.

» Le pétitionnaire pouvoit, avec la même facilité que » tous les autres réclamants, obtenir la radiation par voye » d'exception du nom de son père de la liste des émigrés, » il n'avoit pas même besoin pour cela de mendier une de » ces attestations fournie complaisamment pour prouver que » la date de son absence étoit antérieure au décret de » réunion, puisqu'il étoit notoire, dans la municipalité de » Vaison, qu'il s'étoit en effet absenté de cette Commune » long-tems avant ce décret de réunion. Mais étant persuadé » que la loi du 25 brumaire n'avoit jamais voulu absoudre » du crime d'émigration, les habitants du ci-devant Comtat » qui s'étoient absentés depuis la révolution, et convaincu » que ce n'étoit que par une interprétation forcée, que les » corps administratifs identifioient le moment de la révo- » lution à celui de la réunion, le pétitionnaire préféra de » s'abstenir d'une demande dont le résultat facile lui » assuroit la radiation de son père, et le même sentiment » de patriotisme et de dévouement à ses devoirs de Citoyen » lui a encore interdit toute réclamation lorsque la loi du » 29 fructidor, a été rendue, persuadé que le législateur » n'avoit pu abandonner les principes qu'il s'étoit faits, et » qu'il y avoit erreur d'impression ou que le décret seroit » rapporté. »

Il n'y a dans tout ce paragraphe, que l'expression franche

et mésurée d'un citoyen qui énonce son opinion sur deux lois applicables aux demandes en radiation dans les parties du département de Vaucluse, composant autre fois le ci-devant Comtat. Son opinion peut être mauvaise ; mais depuis quand et d'après quel principe deviendroit-on criminel pour l'avoir énoncée ? Les administrateurs du département veulent-ils imputer à crime au pétitionnaire de n'avoir pas vu de leurs yeux l'application des deux lois dont il s'agit ? Ils peuvent bien essayer de prouver que l'opinion consignée dans la pétition du 5 germinal est fausse, mais jamais qu'elle est criminelle.

Si cette réflexion est juste, vous penserez, Citoyen Ministre, que j'ai pu me tromper sur l'application des lois précitées sans mériter une dénonciation de la part des administrateurs du département. Cependant, l'opinion que j'avois par occasion placée avec confiance sous leurs yeux et qui est devenue entre leurs mains le motif de leur dénonciation, étoit autorisée par le choix des expressions employées dans la loi et ce semble par les règles générales, que s'étoit fait le législateur relativement à l'émigration.

L'émigration n'a, en général, jamais cessé d'être regardée comme un crime ; le législateur n'a jamais mis en question si l'on pouvoit en être absous ; tous les décrets qui ont été portés ne tendent qu'a séparer de la masse des vrais émigrés contre lesquels elle a prononcé la loi de bannissement perpétuel, les individus non coupables de l'émigration volontaire. L'on ne peut donc supposer l'intention de pardonner l'émigration, dans les deux lois précitées des 25 brumaire et 29 fructidor.

Le ci-devant Comtat a été réuni le 14 septembre 1791, soit en raisou du vœu d'émission de ses habitants, soit comme étant une partie intégrante du territoire français.

La loi du 25 brumaire ne parle nominativement nulle part du ci-devant Comtat. Elle regarde comme émigré, soumis à un bannissement perpétuel, tout français sorti du territoire avant le premier juillet 1789, et non rentré dans le délai du mois de la publication de la loi du 8 avril 1792, et elle soumet à un bannissement temporaire ceux qui seroient sortis avant le premier juillet. La même loi considère comme émigré, sujets à un bannissement perpétuel, les habitants des pays réunis absents depuis l'émission du vœu de réunion et non rentrés dans le délai de trois mois du jour de la proclamation du décret de réunion ; elle soumet à un bannissement temporaire ceux qui étoient absents avant l'époque de la révolution de leurs pays et n'étoient pas rentrés dans les délais déterminés.

Si les habitants du ci-devant Comtat en le considérant comme pays réuni, qui étoient sortis avant sa révolution, sont soumis à un bannissement temporaire, ceux qui sont sortis après cette époque, sont soumis au bannissement perpétuel prononcé contre les Émigrés ; car, ne pouvant y avoir aux yeux du législateur que deux sortes d'émigration, et l'époque à laquelle on avoit pu s'absenter des pays réunis sans encourir le bannissement perpétuel étant celle de leur révolution respective, il en résultoit que toute absence postérieure à cet époque devenoit émigration, si l'on n'étoit pas rentré dans ces délais déterminés.

La distinction prononcée dans la loi entre les deux sortes d'habitants des pays réunis absents du territoire, est palpable, mais l'époque précise de la révolution d'un pays réuni n'étant pas désignée par le législateur, il restoit de l'indécision pour les corps administratifs chargés de l'application de la loi.

Il est vrai qu'un autre article prononçant que l'émigration qui emporte, pour les pays réunis, le bannissement perpétuel date, du moment de l'émission du vœu de ces pays, l'époque de leur révolution respective qui, par l'article précédent, désigne le terme antérieurement duquel on avoit pu s'absenter sans encourir d'autres peines qu'un bannissement temporaire, se trouve, ce semble, confondue avec celle de l'émission du vœu de réunion.

Ces conséquences laissoient cependant encore après elles quelque incertitude, car, en supposant en effet, que, pour le ci-devant Comtat, la loi du 25 brumaire, eût entendu faire une même et seule époque du moment de sa révolution à celui de l'émission de son vœu de réunion, où devoit-on prendre le moment de cette émission, d'abord manifestée partiellement et dans la plus grande partie des communes, dans l'intervalle de juin 1789 à janvier 1791, et ensuite du 13 août 1791 par l'organe d'une Assemblée Electorale, la loi étoit en défaut à cet égard; d'ailleurs, étoit-il bien présumable qu'elle eût entendu confondre réellement ces deux époques ? La révolution du ci-devant Comtat, ne datoit-elle pas bien évidemment du moment de la révolution Française, si même elle ne lui étoit antérieure ? Une assemblée des envoyés du Peuple n'avoit-elle pas traité de ses intérêts en mai 1790 ? Toutes les crises qui caractérisent une révolution n'avoient-elles pas eu lieu dans ces belles contrées, et ne s'étoient-elles pas montrées avec force long-tems avant l'émission du vœu de réunion à l'Assemblée Electorale du 13 août 1791 ? De semblables considérations étoient bien faites pour suspendre le jugement de tout homme impartial et arrêter la marche des corps administratifs ! Il en est en effet qui s'abstinrent de prononcer pendant quelque tems et chercherent auprès du comité de Législation des éclaircissemens qui ne leur furent point donnés. Ce doute de leur part a-t-il pu être regardé comme criminel ? Pourquoi n'ai-je pu l'énoncer moi-même dans une pétition à l'administration centrale du Département ? Pourquoi, lorsque la loi du 25 brumaire n'a point dit clairement à quelle époque les habitans du ci-devant Comtat avoient pu s'absenter sans encourir un bannissement perpétuel, ne m'est-il pas permis de croire et de dire avec franchise que les radiations prononcées par les corps administratifs, avant d'avoir reçu un éclaircissement nécessaire, paroissent être une suite d'une interprétation forcée ? Pourquoi, lorsque la loi du 25 brumaire n'admet bien positivement les réclamations par voie d'exception, que dans le cas où l'on s'est absenté avant la révolution du ci-devant Comtat, ai-je dû penser que cette loi vouloit que toutes les réclamations semblables, opérassent la radiation des inscrits absents depuis la révolution et qui produisoient un certificat d'une absence antérieure au 14 septembre 1791, époque du décret de réunion ? Pourquoi, lorsqu'il est évident que des corps administratifs ont donné une extension à la loi du 25 brumaire, ne me seroit-il permis, dans des réclamations en termes mésurés, de dire que j'ai cru devoir m'abstenir d'invoquer, à mon profit, une décision qui ne me paroissoit pas d'écouler de la loi ?

Telles étoient les considérations encore existantes peu avant le 13 vendémiaire an 4, qui, malgré la précipitation avec laquelle les réclamations par voie d'exception étoient admises par les corps administratifs, suspendoient le jugement de tout homme impartial ; à cet époque, la convention nationale rendit un décret sous la date du 29 fructidor par lequel elle déclaroit, qu'elle regardoit comme émigrés les habitants du ci-devant Comtat, qui, absents depuis l'époque de sa réunion, n'étoient pas rentrés sur le territoire français dans le mois de la publication de la loi du 8 avril 1792.

Une première réflexion que présente ce décret, c'est que la loi du 25 brumaire ayant besoin d'une interprétation relativement à la fixation des époques désignées de la révolution et de l'émission du vœu de réunion du ci-devant Comtat, il est naturel de penser, que ce décret du 29 fructidor, est rendu pour cette interprétation. Cependant ne parlant nullement de l'émigration postérieure à la révolution, mais antérieure à l'émission du vœu de réunion, dont la date la plus prochaine étoit du 13 août 1791, cette loi, t'elle qu'elle est imprimée, déclare que les habitants d'un pays réuni n'ont pu s'absenter après la réunion, et ne pas rentrer dans les délais portés par la loi du 8 avril, sans encourir la peine du bannissement perpétuel, ce qui paroît surabondant. Le peu de nécessité de déclarer, ce semble, qu'une loi française devoit recevoir son exécution dans un pays devenu français, peut faire penser qu'il y avoit inadvertance de la part du corps législatif, ou une erreur de rédaction ou d'impression, car, en substituant au mot, depuis celui avant, le sens devient alors complet et régulier ? Telle est l'opinion que je n'ai point hésité de montrer dans mes réclamations auprès des administrateurs du département, fondé sur les mêmes principes de respect à la loi et de laquelle ils me font encore un crime ! Leur dénonciation vient de me forcer de donner quelques dévélopements à cette opinion dont j'étois, en effet, pénétré le 6 germinal dernier, en portant mes réclamations auprès d'eux. Je laisse à votre équité, Citoyen Ministre, le soin de prononcer si elle est absurde ; mais le fût-elle réellement, si je l'ai énoncée avec la circonspection et la déférence que je devois à l'autorité supérieure, ai-je pu encourir la dénonciation que ces administrateurs motivent sur mon manque de respect au Pouvoir Suprême, qu'ils m'imputent sans preuve ? Y a-t'il une seule ligne, un seul mot dans les réclamations dont j'ai mis une copie sous vos yeux, qui justifie, même de loin, cette *accusation calomniatrice* ? J'en appele encore, à cet égard, à votre équité.

Quoi ! lorsque, plein de respect pour la loi, j'énonce, auprès d'une Administration commise par elle, le vœu de jouir de l'application des lois que je me crois autorisé à invoquer, m'abstenant des réclamations qui me paroissent leur être contraires, je me rends coupable envers le Pouvoir Suprême ! J'exerce un devoir de Citoyen en m'arrêtant dans mes réclamations là où la loi me paroît avoir posé une borne, et je manque aux bonnes mœurs et à la piété filiale ! La piété filiale et toutes les vertus privées peuvent-elles exister si l'on est pénétré de ses devoirs de Citoyen ! Ai-je perdu de vue un seul instant, dans mes réclamations, que je me complaît à la situation douloureuse qui résulte d'une inscription que la loi me paroît autoriser ? Cette expression outrageante n'est point justifiée par la forme que j'ai donné aux réclamations que j'ai adressées à l'Administration du Département. J'invoquai sa justice et elle me dénonce. Elle le fait en supposant dans mes réclamations des sentiments dénaturés qui ne s'y trouvent pas, puisque j'y donne, pour motif de ma conduite, mon respect à la loi ainsi qu'elle me paroît être ! Elle me rappele à l'ordre lorsque je concilie la décence du stile que j'employai avec l'hommage que je devois à la vérité ! Ai-je avancé un fait qu'il ne soit que trop malheureusement possible de prouver ? Les administrateurs du département veulent-ils nier qu'en effet il n'y ait eu beaucoup de facilité à obtenir des radiations par voie d'exception ? Les attestations de l'absence à fournir par les autorités municipales ont-elles manqué à quelques réclamants ? Est-il quelques réclamations qui ayent été rejettées ? S'il est donc notoire que dans le département de Vaucluse, les radiations des habitants du ci-devant Comtat y ont été aussi facilement obtenues qu'il est possible, comment aurai-je été répréhensible pour avoir convenu d'un fait notoire, est-ce que aux yeux de ces administrateurs l'on devient coupable par son respect même pour la vérité ! Mais, peut être, ai-je dans mes réclamations supposé une facilité dans les moyens de radiation contraire à cette même vérité : s'il en est ainsi, que les administrateurs du département vous transmettent, Citoyen Ministre, la liste des réclamations qui n'ont point été admises par les corps administratifs ; la liste des inscrits pour lesquels on a point présenté de réclamation ; la preuve qu'aucun inscrit n'a été radié après sa condamnation à mort comme émigré, ou ayant été fait prisonnier les armes à la main, qu'il n'a pas été radié comme étant devenu français par le décret de réunion des inscrits ayant acquis précédemment ce titre, par leur service militaire, qu'ils ont lâchement abondonné pour émigrer ; qu'aucun radié actuellement rentré, n'étoit sujet à la peine du bannissement perpétuel : etc. etc.

S'ils vous prouvent, Citoyen Ministre, que j'ai été dans l'erreur à cet égard, s'ils repoussent par des dénégations motivées, l'assertion que j'ai consignée dans mes réclamations sur une facilité dans les moyens de radiation dans le département, parce qu'elle m'a paru d'une évidence hors de doute, je conviendrai alors que je me suis livré inconsidérément au sentiment de ce que je croyois être une vérité, et que les autorités administratives ont droit de se plaindre d'une semblable précipitation ; mais dans cette hypothèse même, la faute que j'aurais à me reprocher ne s'étendroit pas au-delà ; de quel droit ? Les administrateurs du département n'essayant seulement pas de prouver que je m'en suis en effet rendu coupale ; osent-ils me charger encore de l'inculpation d'une prétendue rédaction injurieuse au pouvoir suprême , à l'autorité legislative , aux bonnes mœurs et à la piété filiale ; certes , si tout cela se trouve dans le paragraphe que j'ai fidellement transcrit en commençant cette défense , il faut convenir qu'il est bien aisé de se faire illusion dans sa propre cause, puisque je n'y puis rien découvrir de semblable, il faut convenir encore que jamais on ne fut plus loin de son but , puisque je n'écrivois que pour réclamer avec modération l'application des lois que j'étois fondé à invoquer , et que jamais la coupable pensée d'injurier non-seulement le pouvoir suprême ou l'autorité législative, mais encore aucune autorité constituée, n'est entrée dans mon esprit, pas plus que celle de manquer aux bonnes mœurs et à la piété filiale.

Et s'est une autorité dont la prépondérance est marquante dans le département, qui se permet, sans preuve, un acte de dénonciation ! Elle verse ainsi officieusement et de tout son pouvoir une flétrissure sur le bon Citoyen qui a recours à elle pour en obtenir justice ! Les administrateurs signataires de l'étonnant arrêté du 11 brumaire dernier , se permettent bien légérement de dispenser le blâme ; ne savent-ils pas que le dénonciateur sans preuve devient doublement coupable ; alors qu'il exerce des fonctions publiques ? Croyent-ils que la loi leur a délégué le pouvoir de flétrir à leur gré les Citoyens qui leur déplaisent ; et eux qui se font un manteau de leur respect pour la conservation des mœurs publiques sous lequel ils se donnent le plaisir de me décocher leur dénonciation , parce que j'ai blessé leur amour-propre , pensent-ils être meilleurs Citoyens que celui qui croit ne pouvoir mieux remplir ses devoirs , qu'en ne trahissant point enverr eux la vérité qu'aucune considération ne peut faire dissimuler?

Je ne dois pas , Citoyen Ministre , avoir besoin de plus grands efforts pour repousser l'accusation qu'une autorité constituée a lancé contre moi. Il auroit suffi sans doute pour éclairer votre justice , de vous transmettre simplement et fidellement les réclamations que j'ai faites, et la dénonciation qu'elle m'a value. Les administrateurs du département se sont eux-mêmes rendus coupables de calomnie en m'imputant sans preuve, ce qui ne fut jamais ni dans ma pensée, ni dans l'écrit dénoncé. Ils ont oublié le premier de leur devoir, puisque si je n'ai point tort, leur arrêté est devenu un acte tyrannique de leurs pouvoirs. Ces hardis dénonciateurs pensent-ils n'avoir à redouter rien de semblable à ce qu'ils dirigent si charitablement sur la tête d'un pétitionnaire qui leur demande un acte de leur justice. Je n'ai point intention de récriminer, mais si j'ai suffisamment établi ma défense par ce qui précède, il doit m'être permis de trouver étonnant que des fonctionnaires publics rejettent, comme contraire à la loi, un des chefs de mes réclamations : qu'à un examen plus attentif je trouve moi-même non fondé, lequel tendoit à opérer la cession en faveur de la République, d'une partie de l'immeuble réclamé en équivalant d'un simple droit d'usufruit, tandis qu'ils ont disposé, ensuite d'une semblable demande d'un autre pétitionnaire, des biens, meubles et immeubles d'un émigré, desquels la loi les avoient institué les conservateurs, et qu'ils ayent crû pouvoir les faire passer entre ses mains en compensation de l'amortissement d'un capital de rente viagère ! Que ces mêmes fonctionnaires publics, inactifs pendant neuf mois, lorsque la loi commande l'organisation des écoles du second dégré, sollicitent clandestinement contre l'intérêt de leurs administrés, un déplacement, et laissent croire à l'autorité locale, par un silence perfide, qu'ils s'occupent d'une organisation qu'ils ont décidé de ne point effectuer ! etc. etc. Cependant je ne dois point oublier, Citoyen Ministre, qu'il n'est point permis d'abuser de votre tems, et que celui que la dénonciation des administrateurs du département m'a forcé de réclamer de votre justice, ne doit être employé que pour repousser cette dénonciation. Je m'arrête donc, dans un rapprochement qui n'auroit d'autre effet que de présenter à votre censure les actes mêmes de l'autorité dénonciatrice. Son injuste dénonciation, l'évidence de la non-existance des torts qui me sont imputés, la nécessité de repousser des inculpations calomniatrices, et le désir de conserver l'estime à laquelle j'ai droit, de votre part, sont les seuls motifs qui m'ont fait entreprendre ma défense. Je me renferme dans elle en livrant, avec confiance, à votre équité, les preuves de l'innocence de l'écrit censuré, ainsi que de l'assertion de la pureté des intentions qui m'ont animé. Je vous prie, Citoyen Ministre, de me faire connoître, par votre réponse, que cette lettre vous est parvenue, et que vous en avez pris son objet en considération. *Salut et Respect.*

LIELY.

(*a*) *EXTRAIT* parte in quâ *du Registre des Arrêtés sur pétitions, du premier Bureau du département de Vaucluse.*

Quand aux expressions peu mésurées, outrageantes même envers l'autorité légitime qu'ose se permettre le citoyen *Liely*, dans le cours de sa pétition, l'Administration se doit à elle même de le rappeler à l'ordre, et lui enjoint, très-expressement, d'être plus réservé à l'avenir, et d'employer un stile plus honnête et plus décent. Elle ne sauroit non plus s'empêcher de relever et de blâmer les sentimens inhumains et contre nature qu'il manifeste à l'égard de son père, puisqu'il annonce qu'il s'est absenté, du ci-devant Comtat, long-tems avant sa réunion à la France, qu'il a la preuve complette de ce fait, et que cependant il se complaît à laisser subsister son nom sur la liste des émigrés, ne voulant pas le faire jouir du bénéfice réservé par les lois, et notamment par celle du 29 fructidor an 3, aux Comtadins qui se sont absentés de leur pays avant sa réunion au sol Français; et par suite, arrêté, de donner au Ministre de la Police générale la pétition dudit *Liely*, pour être par lui pris la détermination qu'il avisera sur la forme et la teneur de ladite pétition, dans la partie qui lui est dénoncée, comme étant injurieuse au pouvoir suprême, à l'autorité législative, aux bonnes mœurs et à la piété filiale.

Pour extrait conforme :

Signé, PINATELLY, *Chef du premier Bureau.*

Certifié Conforme

www.ingramcontent.com/pod-product-compliance
Lightning Source LLC
LaVergne TN
LVHW010339230826
846091LV00009B/3950
* 9 7 8 2 0 1 9 9 8 4 4 5 8 *